겨울나그네

서문당

길을 찾게 하려면 먼저 놓아주어야 한다.
To get him to find way you must let him go first.
― 맹주상 ―

서문당

차례

겨울나그네 -1부- ...7

순 이 ... 9
고무지우개 ... 10
지우개랑 누나 ... 11
눈 밭 ... 12
물 새 ... 13
말해볼까 ... 14
개여울 ... 15
봄베이 달빛 ... 16
오후스(Aarhus) ... 17
썰매터 ... 18
여울목 ... 19
성우하이텍사람들 ... 20
상트페테르부르크를 향하여 ... 21
땅콩항공 ... 22
아지랑이 몰이꾼 ... 23
인천공항의 소리새들 ... 24
넌 기억하니? ... 26
늦둥이 ... 27
눈송이 ... 28
마로니에 잎이 지던 날 ... 29
산에는 진달래 피고 ... 30
트로이메라이 ... 31
하굣길 ... 32

벗 ... 33
퇴원하던 날 ... 34
소정리를 지나 ... 35
노상지초 ... 36
그 사람은 ... 37
서울역의 메아리 ... 38
얼음판 ... 39
강당골물소리 ... 40
예산에서 ... 41
계변 가는 길 ... 42
목포사람들 ... 43
레인코트 ... 44
오 침 ... 45
존재의 가치 ... 46
유 령 ... 47
마지막 임무 ... 48
해질녘에 ... 49
춘 강 ... 50
강경에서 ... 51
비림(碑林) ... 52
여 촌 ... 53
눈이 발목까지 쌓인 날 ... 54
프랑크푸르트공항에서 ... 55

겨울나그네 -2부- ...57

영 혼 ... 59
만삭과 해산 ... 60
편 ... 61
무 식 ... 62
성공적인 삶이란 ... 63
선과 악 ... 64
달맞이꽃 ... 65
나팔꽃 ... 66
산 미 ... 67
칡 꽃 ... 68

그리움 ... 69
아 들 ... 70
아 내 ... 71
끼 니 ... 72
용관이 ... 74
물 판 돈 ... 75
산양산삼 ... 76
풀 씨 ... 77
어둔골에서 ... 78
핑 계 ... 79
금너덜에서 ... 80
두려움에 ... 81
변화의 주역 ... 82
눈 빛 ... 83
유 월 ... 84
반려자 ... 85
수 액 ... 86
사월이 간다 하네 ... 87
징 조 ... 88
무엇이 보기에 더 좋을까? ... 90
귓구멍 콧구멍 연통구멍! ... 91
겨울 끝에서 ... 92
빛 ... 93
엄 마 ... 94
향 기 ... 95
축복과 지혜 ... 96

겨울나그네 -3부- ...97

소 음 ... 99
천 국 ... 100
절 개 ... 101
색 깔 ... 102
바람은 ... 103
영종도에서 ... 104
영 웅 ... 105

심부름 ... 106
사람의 집은 ... 108
김대순 화백의 동행 ... 109
강인옥 화백의 겨울정원에서 ... 110
달맞이꽃 ... 111
풍 우 ... 112
된서리 ... 113
당림 오솔길에서 ... 114
충무정을 지나 ... 115
겨울나그네 ... 116
끈 ... 117
욕 심 ... 118
파타고니아로 돌아가리 ... 119
누 가 ... 120
비갠 오후 ... 121
크레타로 간다오 ... 122
세레나데 ... 123
자화상 ... 124
갈바람 ... 125
시월잔치는 끝났더라 ... 126
추 일 ... 127
후 회 ... 128
오목리나루터 ... 129
향원정에서 ... 130
사 치 ... 131
설 ... 132
광주에서 ... 133
산수유 필 때면 ... 134
목련화 ... 135
좋은 시란 ... 136
행복한 사람 ... 137
장 식 ... 138
기 도 ... 139
그 맛난 봄을 ... 140
기도문 ... 141

겨울나그네 -1부-

순 이

자두 익는
고향집

서늘한 마루에
누우니

순이는
싸리문 앞에
서 있네

그 붉은 자두
하나
꼬옥 쥐고

고무지우개

골목길 문구점은
노란색 건물이었지

지우개 냄새들은
자꾸만 따라오고

노우트 위에 눈물이
고이던 그날처럼

지우개랑 누나

연필이 가면
지우개가 꼭 따라가지
지울게 참 많아서지

동생이 가면
누나가 꼭 따라가지
치울게 참 많아서지

눈 밭

눈밭은
하얀 일기장

동네아이들
눈싸움도
끝이 나고

검둥강아지들
방울소리
들리지 않아도

눈밭은
하얀 일기장

물새

수련이 핀 호숫가
새끼오리
어미 따라 나온 저녁
언덕 위엔
아기물새
홀로
우네

말해볼까

초등학교 후문
꽃그늘 담장 아래서
늦둥이 손에 실려 온
노란 봄병아리

온 밤을
삐약소리로 가득 채우더니
지금은 풀죽은 양지꽃처럼
전혀 생기가 없네

아이가
학교에서 돌아오면

삐약이는
저 개나리 핀 언덕 너머로
엄마 찾아 갔다고
말해볼까

개여울

돌돌돌 개여울물소리
베적삼 서늘한 옷깃
울엄마 자장가네

솔솔솔 마파람소리
어느 이랑에서 땀을
훔치실까
귀 기울이지

봄베이 달빛

봄베이 달빛은
하얀 상선들을
항구로 가득 끌어오지

오후스에서 온 배는
겨울동화를

암스텔담에서 온 배는
나막신을

마르세이유에서 온 배는
꼭두각시 인형을
가득 싣고 있었지

오후스(Aarhus)

오덴세가 가까운 도시 오후스
부활절
성당에 와 닿는 봄볕이
참 고웁다

사나운 폭풍이 몰고 간
긴 겨울 끝에서
촛불에 그을린 아이들은
꿈속의 요정을 이야기 했다

어느새 오후스항구엔
겨울동화를 싣고 갈
먼 남쪽나라에서 온 배들로
가득찼다

썰매터

다랭이논
썰매터에

어둠이
오면

호롱불빛 새는
집으로

강아지들도
소시랑게마냥
쏘옥

여울목

송아리떼 은빛 여울
개굴개굴 개구리논두렁

꾀꼬리 울음 속에
보리이삭 피는 여울목

고기 잡는
순한 아이들

성우하이텍사람들

그 푸른 보리밭길을
따라가면
하얀 배꽃마다
노란 꿀이 흐르고

종다리가
점박이 알을 굴리며
사랑을 노래하던 곳

지금 그 언덕엔
성우하이텍사람들이
큰 신바람을
일으키고 있다지!

무지개를 끌고 오던
그 요정들처럼

상트페테르부르크를 향하여

바이칼호수는
얼어있고

하얀 자작나무들은
저마다
쓸쓸하네

밤은
가도 가도
찬 백야!

이 밤도
상트페테르부르크행 열차는
어린 사슴마냥
신이나
뛰어 가겠지

땅콩항공

그래도
난 땅콩항공 탄다

상트페테르부르크 하늘에서
눈깔을 하얗게 뒤집으며 먹을

그 눈물 나게 매운
전주비빔밥이랑
그 뜨슨 미역국에 미쳐.....

아지랑이 몰이꾼

이 봄
경복궁 청기와 지붕은
아지랑이 몰이꾼들의
큰 놀이터
지붕마다 가득
좋은 빛은 다
모아놓았네

신나게
마당귀를 돌며
고운 빛을
뿌리더니,
묵은 잔디풀 위에서
한나절을
노닐더니

머문
자리마다
새 잔디풀 사이로
하얀 지면 패랭이가
뭇별인양
참 많이도 피어올랐다

인천공항의 소리새들

금빛 쇠파리가
높이 날아오르던 곳
그래서 이곳을 금승리라
불렀다

할머니가 들려주시는
흰 돛단배를 타고 온다는
먼 별나라 요정들 이야기에
섬마을 아기는
어느새
잠이 들고

금승리
우거진 갈대숲 사이로
고깃배가
심해어처럼 들어오면
고요가
살갑게
바스락거리던 곳

이젠
은빛 활주로가 깔리고
온종일 큰 소리새들의
희망찬 날갯짓 소리

하얀 돛단배를 타고 온다던

먼 별나라 요정들만큼이나
아름다운 사람들
고운 돛단배공항

그 옛 이야기를 한 가닥씩 물고
신나게 날아오르는
인천공항의
예쁜 소리새들!

넌 기억하니?

넌
기억하니?

겨울밤
탱자나무에서 울던
굴뚝새
외로운 울음소리를!

그리고
이어지던
솔밭
매서운
바람소리를!
바람소리를!

우리가
가슴으로
가슴으로
듣던

그
소리들을……

늦둥이

오늘 집을 보고 왔다네
우리 다섯 식구가 살기에
좋겠다 싶은
현충사 뱀밭 끝
그 작은 집을 보고 왔다네
노란 은행잎이
낡은 슬레이트지붕에
가득 쌓여 있었지
아내의 얼굴은 오늘따라
왠지 우울해 보였어
늦둥이는
제 손바닥만 한 마당가를
신나게 뛰놀며
검둥이집 놓을 곳을 벌써
찾아냈지

눈송이

눈감으면 아련히
그리운 모습으로

바라보면 아득히
멀어지다 사라지고

만 송이 바람꽃 되어
송이마다 아련타

마로니에 잎이 지던 날

마로니에 잎이
지던 날
공원 벤치는
비어 있었지
에스프레소향 짙게 퍼지는
카페를 지나
파란 창
노란 커튼이 치인
아이보리색 모퉁이 집을
지나도록
끊어지듯 이어지는
노인의
빗자락 소리

산에는 진달래 피고

산에는
진달래 피고

개울가 버들가지엔
봄살이
파릇이 오르네

술 익어
벗이 오나

두견이
소리 높네

트로이메라이

그땐
난 큰 꿈이 있었어요
저 하늘마냥
아주 높은

그땐
지치지 않았어요
온종일
들판을 달려도

비바람이
밀밭을 흔들어도
그땐
아픔을 몰랐어요

그땐
슬프지 않았어요
홀로선
저 지평선 끝에서도

하굣길

하굣길
플라타너스 가로수 길엔
소나기가!
아이들은
말집처마로 쏘옥 들어가
참새들 마냥
머리를 털고
깔깔대며
쪼로로

벗

하늘엔
먹구름 가득하고
시냇가 소낙빗물
탁하니
흘러넘치는데
곡주 한 병
말갛게 걸러놓고
벗을 기다리네

퇴원하던 날

집은
거미줄투성이네

창문을 열어도
산바람은
머뭇거리고

방충망을 닦고 나니
달맞이꽃 향이
짙게 들어왔지

그 꽃말도
같이

소정리를 지나

소정리를 지나
그 어디쯤인가 여기가
목이 잘린 플라타너스
서 있는 이 길이

기차는
전갈처럼 지나가고
코스모스
또 허공서 쏠리는데

노을빛 묻은 철로에
가만히 귀를 대 보는
늙은 고라니 하나
서 있는 이 길이

노상지초

밟히고
또 밟히네

노상지초야
서러워 마라

시절이
오면

언제였지?
하리니

그 사람은

그렇게
침침했던 유월
한남동
그 병원 모퉁이

카페
젖은 의자에 앉아

우두커니
가슴을 쓸다가
돌아선

그 사람은
지금 어디에

서울역의 메아리

그 옛날
갈월동 칡꽃 만큼이나
향그러운 서울사람들,
그 반짝이는 눈빛들로
서울역은 늘
요정들의 정거장 같다

칡꽃이 피는 계절이 오면
삶에 지친 사람들은
이곳에 둥지를 틀곤 했다
아주 깜찍한 요정들이
그 꽃을 따라 온다고 했다

오늘도 플랫폼에 기차가
가득 들어왔다
보조개가 유난히 예쁜 아기도,
KTX 승무원의 해맑은 웃음도,
동화 속 한 폭 그림 같다

온종일
출발시각을 알리는
차분한 목소리는
고운 메아리가 되어
온 역사에 깊이 파고든다

자, 이젠
기차에 오를 시간이다

얼음판

얼음판에서
아이들은
종일을
뛰놀아

넘어지고
자빠지고
엉덩방아를
찌어도

얼음판에서
아이들은
종일을
뛰놀아

골탕을
종일 먹어도
아이들은
즐거워

강당골물소리

시월에
부여를 지나
금강을 건너
칠갑산을 넘어
청양, 운곡을 지나
예산읍내장터주막에서
늙은 주모가 내어 온
막걸리 한 사발을 마시고
취한다면
그댄
이미
신선의 경지에
오른 것이니
굳이
대술을 지나
오형제고개를 넘어
이 가을
멱시
그 고운 단풍잎 뜬 면경을 대하며
다람쥐 물을 마시듯 낸다는
금너덜
그 쪼롱쪼롱한
강당골물소리까진
들을
필요는
없는 것이다

예산에서

이 봄 예산
금오산 꼭대기에 오르면
다 안다

장터 한 모퉁이 마당가
하얀 국수면발에 앉은
노오란 봄빛이 어떻게
그네를 타는지

그 구수한 면발을 고르던
아낙의 고운 손길이 어떻게 금세
아기를 단잠에 들게 하는지

그리고
저 오가 큰 사과밭
아버지만큼 나이 먹은
그 큰 나무가 피운 꽃에
꽃나비가 얼마나 많이
날아드는지

이봄 예산
금오산 꼭대기에 오르면
다 안다

계변 가는 길

청댕이고개 넘어
역말을 지나
오미니고개를 넘어
거산리를 지나
각흘고개를 넘어
유구를 지나
정산을 지나
칠갑산을 넘어
청양을 지나
운곡을 지나
계변
가지리
정자나무를 돌아
버들개지 피는
진외가를 찾아

목포사람들

설에
동백이 활짝 핀다는 곳
목포로
언닌
어린 나를 두고 시집을 갔지

그날
내 눈망울은
당목항에 떨군 동백꽃마냥
온종일 붉게 젖어 있었지

그런데
목포는 울언니 눈물을 이내
마르게 했다지
유달산 일등바위 꼭대기서 말렸을까?
앞선창 그 부둣가에서 말렸을까?
아니면
영산강 봄바람에
그냥 마른 것일까

설이 가까운 이 계절
동백꽃 같은
그 고운 마음들
목포사람들은
남풍을
달래고 있겠지
서울로
보낼

레인코트

겨울로 치닫는 계절
사람들은 갈대처럼 서 있네
천사의 나팔꽃은 고개를 떨구고
폐교된 빈 교정에선
연기가 모락모락 피어오르더니
플라타너스 낙엽 타는 냄새가 나네
스러져가는 붉은 벽돌담장
빛바랜 담쟁이 넝쿨에 매달린
〈늘근 도둑 이야기〉 연극현수막을
물끄러미 쳐다보며
왠지 그 내용이 궁금해지는 날
늦둥이
빨간 레인코트가 입고 싶다고
졸라대는 오후

오 침

개울물소리
자장가 삼아
오침을 청하니

매미울음 또한
피리소리처럼 맑구나

산들바람불어
단잠에 드니
입추가 지나감도
모르네

존재의 가치

존재의 가치를
꼭 죽음으로
얻어야만
한다면
인간의
삶도
참
깊지!

유령

밤이면
인간은 다 유령이 되는가!
저들이 던져놓은 혼쭐은
저녁 빛 닿아 산란한 거미줄에 걸려있고
땅거미지자
검은 염소가면을 쓰고
어둠을 안고 킬킬거리며
저들은 오늘도
관객 없는
행사를
치루네

마지막 임무

나라사랑
천년의 솔향기
특수임무 용사여!

눈 내린 산하
어느 적지 굴혈(掘穴)에서
사자처럼 땅을 움켜쥐고
붉은 피를 흘리며
찬 밤을
홀로이
보냈더냐

임무수행 완료
그러나
흔적 없이
죽는 것이
또한
너의
마지막 임무였지

나라사랑
천년의 솔향기
특수임무 용사여!

해질녘에

다 풀어가라
가난한 내 하얀 실타래를

남김없이
다 풀어가라

의심 많은 바람은
허공에서 맴돌고

해는 저물어
슬프다! 빛이 사라지네

춘 강

강가엔
눈 녹고
버들개지 피었네

갈대숲에
배는
움직이지 않는데

근심은
일지 않네

강경에서

놀뫼에 올랐다
황산대교에 노을이 깔리고
어둠이 깔린다

옥녀봉에
붓끝만큼
노을은
묻었다

노을은 머얼리 갔다
사랑이 가듯이

어둠은
무섭게 걸어온다

오, 젖가슴이 불끈한 화양리 아가씨야!
저 갈대밭에
꼭꼭 숨어라

아가씨야
이 밤이 세이면
강 건너 옥수수 밭으로 가자

뿌득뿌득 밤새 터지도록 익은
저 옥수수를 한 아름 따오자

비림(碑林)

금곡엔
비림이 있네
대나무꽃
향이 나는

금곡엔
비림이 있네
비바람에도
쓸리지 않는

큰 붕새 날아와
그 열매 찾는
금곡엔
비림이 있네!

여 촌

여촌으로 가는 넓은 벌
저 붉은 낙조는
울엄마 눈빛 같다
오늘밤
여촌엔
모닥불이 피고
나그네의 눈시울도
붉어지겠다

눈이 발목까지 쌓인 날

눈이
발목까지 쌓인 아침
논두렁길을 따라
측백나무울타리
학선분교까지
콕콕 찍힌
빗살무늬
고 작은
운동화 발자국들을...

피마자 기름칠한
마루교실
조개탄 난로 가에 모여
발갛게 달구어진
볼을 맞대고
눈싸움 패를
나누던
고 까만
눈망울들을...

생각나?

프랑크푸르트공항에서

콜딩에서 세미나가 끝났다
올라프는 헤닝에 남고
피터는 찰스와 몰타로
자멜은 빠리로
루이는 바로셀로나로 돌아가고
난 온양으로 간다

겨울비 내리는
프랑크푸르트공항
삼등석나그네

날개를 찢는 듯한
섬찟한 천둥소리
차고 오르니

짙푸른 길이
환히 열렸다

친구들!
또 만나세

겨울나그네 -2부-

영혼

그대!
어찌하여
그 촉촉한 영혼을
그렇게 말렸는가!
어서 오라 시원한 나의 그늘로
네 영혼을 위한 푸른 노래
쉼 없이 흐르는
시원한
나의 그늘로

만삭과 해산

만삭과 해산은
천지의 질서라
석류는
가슴을 열어
영롱한
붉은 속을 보이고
엄마젖을
물고 있던 아이는
해맑은 웃음을
입 안 가득
머금더니
함빡 터트리어
똑 고른
그 하얀
잇속을
보이네

편

사람이란
먼저
편이 되어야 하네
비록 그가 죄인이라 해도
비록 그에게 큰 잘못이 있다 해도
먼저
다정한
편이 되어야 하네
편이란
죽음보다도 무서운
생의 절망을
이기게 하기
때문이지

무 식

무식을
알지 못하는 것은
선악을
알지 못하는 것과
같네
하지만
한번 그것을 알면
허함이 엄습을 하는데
그 끝이 없지
그러니
사람아!
할 수만 있다면
끝까지
무식하라

성공적인 삶이란

세상에서
성공적인 삶이란
무엇보다도
오래도록
무사히
잘
버티는
것이지
그래도
의리만큼은
좀 품고
그 같잖은
논리는
버리게나

선과 악

선과 악은
그의 절묘한 덫인데
누가 그것을 피할까!
마치 신약을 만든 자 마냥
쥐를 붙들고
시험을 하듯
사람아!
오늘
가만히
네 얼굴을 보니
약은 체는 다 하지만
덫에 걸린
그 쥐와
꼭
닮았구나
그
얇은
귀까지도

달맞이꽃

봉수산 아래
느릅실
샘골
버스 종점에서
한 노파가
종일
누굴 기다리고 있었지
막차가 들어왔지만
내리는 사람은
없었다네
버스는
달맞이꽃 향 만
가득 싣고
오미니고개를 넘어
풍기동으로
돌아갔는데
어디다
풀어놓았길래
저리 다 취해
비틀대나!

나팔꽃

언제나
낮은 줄을 찾아
가만히
오르고

나팔은
화려해도
소리를
아껴

밉지 않은
꽃

산 미

모란이 꽃망울을
터트릴 때이면

아내는 바구니 가득
산나물을 캐 오고

으름꽃 향 내음
마당가득 내리는 저녁

사랑채에 스미는
감식초
새콤한 냄새

칡 꽃

내 집은
광덕산
삼 백 오십 고지에 있지
집이라 해봐야
제멋대로 자란 소나무
몇 개로 기둥을 세우고
흙과 나무로
얼기설기 지은 오두막이니
내세울 것이라곤
눈 씻고 봐도 없는데
다만
종다리 지줄대는 듯한
개울 물소린
사철 끊어지지 않고
여름이면
동쪽으로 난 창으로
칡꽃 향이
산바람을 타고
밤이 새도록
들어오지

그리움

칠월에
세상을 두고
산 오두막에 올라와
홀로 있으려니

귀는 종일
절간 아래
길모퉁이에 가 있고

눈은
저 아래
교회종탑이 있는
큰길에
가 있네

절집
개라도 짖으면
매미껍데기 같은 몸이
다시
문밖에 나와
또
서성이네

아들

오늘은
내 오두막에
찾아오는 이
없을 거라 생각을 하고
자정이 넘어
잠에 들었는데
아들이
탁주랑 고기를 사 들고
이 칠흑의 산중을 오다니!
아들!
와준 것은 고맙지만
누굴 만나러갈 때는
자시에
찾아가는 것은
예의가 아니란다
설령
청주를 한 동이
들고 간다 해도
아들!

아내

누구네 집 위론
나라에서
잠자리비행기도
날아다니지 못하게 했다는데
산간 내 오두막 위론
저녁 이맘때면
날마다
헬기 두 대가
바로
지붕 위를 지나가는데
그 요란함을 얘기하자면
근수가 좀 나가는
아내
말고는
흔들리지 않는 것이
없네

끼 니

가까이
이웃 하나 없는
산간 내 오두막에서
홀로 지내다 보면
끼니를 때우는 것이
무엇보다도 큰일인데
맹숭은 두 끼만 먹는다네
쌀 한 주먹 뚝배기에 넣고
약한 불로 30분이면
밥이 되는데
누룽지까지
먹을 수가 있지
반찬은
된장이 전부라
산나물과 먹는데
그래도
봄엔 좀 푸짐하지
싸리순 다래순 취나물에
며느리미싱개까지
여름엔 씀바귀랑 머위를 먹고
가을엔 연한 민들레랑 다래
그리고 쥐밤으로 허기를 달랜다네
겨울엔
마른 영지만이
어쩌다 보일 뿐
몹시 춥고 길어

물고구마랑 고욤을 좀 덜 먹고
곰처럼 동면하는 기술을
배우고 싶은데
고로쇠물을 빼 팔아 살아가는
용관이에게 물었더니
그도
아직
그 기술은
모른다고

용관이

절간 아래
컨테이너에 기거하며
봄이면
고로쇠물을 빼 팔고
여름이면
심마니로 살아가는
꽁지머리 용관이가
"나는 자연인이다"에 나왔는데
세상에서 오십 억 부도를 맞고
절골에 들어온 것을
그 순진한 이웃들이
어찌 알 수가 있었을까!
그 용한
약사사 무당도
알지 못하는
일을

물 판 돈

절골엔
교회 네 개가
고기고기 붙어 있었는데

어느새
세 개가 문을 닫았다네
그 까닭을 한 촌로에게 물었더니
상인의 마음으로 운영했기 때문이라고

고로쇠물을 빼 팔아 살아가는
꽁지머리 용관이도
그 물 판돈을
꽤 물렸다
하네

산양산삼

세월이
참 빠르다 해도
그렇게 빠른 줄은 정말 몰랐네
꽁지머리 용관이가
산양산삼을 심던 때가
지난여름 같은데
벌써
6년 근
산삼이 되다니!
용관아!
어찌
꽁지들은 다
축시법을 쓰노?
그 깊은 산중에만
들어가면

풀 씨

풀씨의 마음은
알 수가 없네

어찌 내게 이리 달라붙나
꽃자리 좁은 난
가봐야 금너덜
더 가봐야 먹시
기껏 가봐야 벌뜸인데

적어도
청댕이고개는 넘어야지
그 세상을
볼 수가 있는데

시멘트길
갈라진 틈새로
노란 아기 민들레
목을 내미는

그
세상을

어둔골에서

칠월
산들바람
불고

온 산엔
칡꽃 향기로
가득한데

뱀은
몸을
숨기고

어린 것들은
사슴벌레를
찾아

어둔골을
샅샅이
뒤지네

핑계

깊은 산속
내 오두막으로
자꾸만
내가 나를 떠미는 까닭은
전혀
생기지 않던
그리움이
거기에 가면
날마다
일기
때문이네

금너덜에서

온 밤을
굵은 빗소리에
잠을 이루지 못하다가
이른 아침
산집에서 내려와
금너덜을 지나는데
산길을 오르던
한 길손이
내 오두막 아래의
절간을 묻네
돌아서서
거길 가리키려는데
하필
그때
내 골짝이
하얀 구름 속에
숨을 줄이야

두려움에

눈은 침침하고
영혼은 맑지 않아
헛것들만이
댕갈말
풀씨마냥
내게
달라붙는데
검은
비구름은
수천의
무장한 기병처럼
봉수산을 넘어
어찌 저리
무섭게
달려오나!

변화의 주역

자연에서
그리하듯이
변화의 주역은
부드러운 것들이
맡아야 하는데
맹시인!
이젠
자네도
좀
부드러워졌나?

눈빛

중학교를
졸업하고
사십
중반쯤에
우리가
만났었지
아마
역말을 지나
벌뜸
은사님 댁이었을 거네
거기가,
그 때
자네들 눈빛은
여전히 세상을 발아래 두고
있었지
이순은 다가오는데
지금 나처럼
그 철없는 생각을
아직도
품고 있나?

유 월

난
지금도
몰라

유월,
내 크레파스 중에서
빨강과 초록색이
그렇게 금새
닳아버린
까닭을

다만
둔덕 밀밭엔
종일
푸른
바람이 일었고

볼우물이 예쁜
순이는
몹시
수줍어
했지

반려자

자극은
사람을 고무도 시키지만
상처를 주는 일이 많지
상처를 남기지 않고
바른 길로
나아가게 한다면
좋은 반려자라
하지만
그런 경우는
참 드문데
그것은
정이란
무기를 들고
서로를
끝없이
소유하기
때문이지

수 액

3층
U의원
수술실
남쪽 열린 창으로
짙은 모란향이
사치스럽게 들어왔다

아래층
엔젤리네 커피숍에선
온종일 쿵쿵거리며 봄단장을 한다고
혼을 빼는데

오늘은
마취제에 취한 화계산 늙은 시인
핏기 없는 혈관에
연결된 링거

노란 수액이
수술대 꼭대기서
인색하게 맺히더니
바르르 떨며
떨어지고
있었다

사월이 간다 하네

사월이
간다 하네

반가운 것들은
어찌 저리 다 급히 떠나나!

하필 비바람
치는 데,

사월은
간다 하나!

징조

절골
골짝엔
날개 달린
검은 개미가 있는데
만약
그놈이
집안으로 들어오면
큰비가 온다는 징조라
무엇보다도
요란한 폭우가
며칠 안에 쏟아질 것을 알리는데
이상스러운 것은
큰 비가 오더라도
조용히 내리면
들어오지 않는다는 것이네
그런데
오늘
몇 마리가
동쪽 문틈으로 들어와
부산하게 움직이기에
머리 들어
하늘을 보니
여전히
거긴
높고 푸르며
바람은 서늘하고

흰 구름만 몇 조각
무심히
떠 있을
뿐이라
곡절 많은 인생에게
어찌
그런
징조 따위가
두려울까
만은

무엇이 보기에 더 좋을까?

언덕 어디쯤에
교회당을 그려야
보기에 좋을까?

비탈진 아래쪽에 그릴까?
아니면 꼭대기에 그릴까?

거길 사람들이 걸어가면
보기에 더 좋겠지!

그럼 하나만 넣을까?
남자만 둘을 넣을까?

아니면 그 짝이랑
아이를 넣을까?

무엇이
보기에
더 좋을까?

귓구멍 콧구멍 연통구멍!

귓구멍을
후볐다가
중이염으로
달 반을

코감기
무시했다가
축농증으로
넉 달을

벽난로에 구멍 두 개를
공연히 뚫다가
급성염좌로
한 달을

이천십팔년은
귓구멍
콧구멍
연통구멍!

겨울 끝에서

겨울
끝에서
비바람은
몹시
사나운데
장고개길
무당집
녹슨
양철지붕
온밤을
어지간히
들썩이네

빛

어둠속에서
보이는 빛을
부정하고
나아가지 말라 하는 것들은
악마들뿐이라
선한자여!
빛을 보았구나!
어서 가라
그 빛을
따라

엄 마

물은
본성이
부드럽고 자애로워
무엇이든 띄워주며
진정 저들이 원하는 곳에
이르게 하지
사람에게도
이와 같은
성품이 있네
무엇보다도
격랑을 일으키지 않지
그런데
엄마 말고
또
누가 있을까?

향 기

나비가
탐을 내는 건
꿀이지
향기가 아니라네
하지만
사람도
별난 자들이
그 향기를 탐하는데
만약
가장이란 자가
그런 기행을 한다면
어서 갈라서게
꿀에 향기는 묻어와도
향기엔 꿀이 묻어오질 않으니
그 꿀을 따오지 못하면
어찌 그게 벌인가?
모란 향에 취한
맹손은
오늘도
청룡골 주막에서
해가 지는 줄도
모르네

축복과 지혜

축복은
벽돌처럼
네모진 것으로
지혜는
굴렁쇠마냥
동그란 것으로
구하라

겨울나그네 -3부-

소 음

맹시인!
같은 소음이라도
사람마다
다 달리 들리는 건
무슨 조화인가?
그건
이타심의
농도
때문이지

천 국

맹시인!
천국 문은
어찌해야
열 수가 있나?
모진 세월에 쓿린
두메잔대 같은
손과 발을 가진
인간에겐
천국 문을 여는
일쯤은
일도 아니지
진짜?
맹시인은
지금
낮술에 취해
눈깔이
풀림

절 개

맹시인!
절개는
어디서 오는 건가?
절개는
대개가
본성에서 나오는
것이지
환경이나
교육으로
만들어지는
것이 아니다
라고
내가
말한다면
자넨
듣기에
좋은가?

색 깔

색깔이 없는 곳에서
색을 보이는 것은
위험한 일이거늘
맨손은
어찌
저리
화려한가!

바람은

봄바람은
깨우는 이요

여름바람은
일으키는 자라

갈바람은
보내는 이요

겨울바람은
찾는 자라
샅샅이

영종도에서

벌써 그리운 걸,
두 분은 빛고을 광주로
연리지 같던 젊은 경감 내외는 부천으로
다정한 그 노부부랑 선한 자녀분들은 일산으로
블루라군에 낭랑한 웃음을 띄우던 두 사람은 의정부로
빠리에서 공부했다는 방비엥을 환하게 한 춤의 요정은 용인으로
쌍꺼풀을 한 후론 수금이 잘 되지 않는다는 그는 군산으로
반쪽의 손을 내내 놓지 않던 두 사람은 수원으로
그 쓴 맥주만 마셔대던 그는 온양으로
다들 둥지를 찾아……

영웅

그
미친
테러분자든
나라의
간첩이든
분명한 공통점은
인간이란 것이며
이상스럽지만
적어도
한쪽에서는
영웅이란
점이네

심부름

밀머리쥬막을 지나
새나루쥬막을 지나
방아개쥬막을 지나
고분다리쥬막을 지나
염틔쥬막을 지나
대동쥬막을 지나
월랑이쥬막을 지나
요로원쥬막을 지나
삼거리쥬막을 지나
뒤내쥬막을 지나
쇠재쥬막을 지나
오리경쥬막을 지나
나루머리쥬막을 지나
쑥고개쥬막을 지나
맹골쥬막을 지나
뱀밧쥬막을 지나
늘안말쥬막을 지나
갓바위쥬막을 지나
고분개쥬막을 지나
울바위쥬막을 지나
늘읍실쥬막을 지나
셔봉골쥬막을 지나
오형제쥬막을 지나
부엉바위쥬막을 지나
볼모로쥬막을 지나
산막골쥬막을 지나

불거뫼쥬막을 지나
울바위쥬막을 지나
납운들쥬막을 지나
정자나무쥬막을 지나
가락바위쥬막을 지나
전쥬고개쥬막을 지나
니내쥬막을 지나
남골쥬막을 지나
소졍리쥬막을 지나
능뫼쥬막을 지나……

사람의 집은

사람의 집은
바람을 타지
사철
그
차고
사나운
바람을

김대순 화백의 동행

깨어있는 자
수만 인이
모여
동행하는 곳

거긴
"하나님 감사합니다" 란 문장만이 흐르는
잔잔하고 평화로운
일곱 빛깔 글씨의 호수

어쩌면
분명
그 낙원으로
연결된……

강인옥 화백의 겨울정원에서

그 겨울
상트페테르부르크를 향해
가던 길에 보았던
시베리아
그 자작나무 숲보다도 아름다운 곳
어딘가에 또 있겠나 싶은

오늘
그 겨울자작나무숲을 보았지
그 오솔길엔
노란나비 빨간나비
몸짓은 다정했고
패랭이꽃은
짙은 코발트색이었지

그 길을 따라 가면
지나온 내 젊은 날들로
다시 돌아 갈 수 있을 것 만 같은
그렇게 호젓한 길을
거닐고 왔다네

강인옥 화백의
그 하얀 자작나무숲
겨울정원에서……

달맞이꽃

꿈에
느릅실을
다녀왔네

종일
빨랫줄엔
하얀 기저귀 날리고

봉수산
하늘바람꽃길 넘어
붉은 해 질 무렵

샘골
달맞이꽃은
향을
토했지

풍 우

유월,
온밤을
비바람 치네

이 밤
맹손은 어찌 잠을 이루지
못하나!

가시 많은
핏빛
장미 말곤

이젠
질 것이
없는데

된서리

대기자는
꽤 있었지만
내 차례가 오는 대는
그리 오래 기다리진
않았다

어떻게
자를까요?

지푸라기 같은
잿빛머리카락을
바삐 만지며
노랑머리여인이
물어본다

그냥
써 있는 가격대로
오천원어치만
자르세요

안 그러면
된서리를
맞는다오

당림 오솔길에서

천년을
무인처럼
칼바람과 싸웠다는
천무송을
오늘 와 바라보니
당림미술관
오솔길이
그토록
푸른
까닭을
내
알겠네

충무정을 지나

지천명에
술지게미로
또한
봉래산을
이루었거늘
화살이
난무하는
저
남산을
이순인들
내 오르랴

겨울나그네

오목을 지나
묵정밭 아래
빈 나루터

해거름에
저녁강을 건너가는
겨울나그네

쩌엉쩌엉
강은
울고

얼음장에
금이
가도록

끈

누가
내 손을 묶었나?

누가
내 발을 묶었나?

세상이란
이 질긴
끈으로

욕심

내 가걸랑
말이다

봄이면
할미꽃 피고

가을이면
아그배 익는

가리울,
내 할아버지무덤가 알지!

거기에
날 뉘어라

파타고니아로 돌아가리

이월이 오면
나는
파타고니아로 돌아가리

모레노 빙하 속
얼음 요정들
파스텔 빛 눈물방울
칼라파테 열매에
짙게 스며드는

이월이 오면
나는
파타고니아로 돌아가리

누 가

길 잃은
어린 것들
저 피울음소리를
누가
이 밤에
온몸으로
듣나!

비갠 오후

비갠 오후
서녘 하늘만
울그락불그락

짐승마냥
난 슬픈 얘기 하나
생각나지 않고

비갠 오후
서녘 하늘만
울그락불그락

크레타로 간다오

올리브가 익는 섬
크레타로 간다오

오디세우스여!
그 부드러운 빵을
내게 주오

버진 오일을
흠뻑 적셔
적포도주랑
말이오

세레나데

겨울비 내리네
슈베르트 선율처럼
방울방울 내 혈관을 타네
고층아파트 하얀 불빛들
목숨처럼 사라지는 밤
회색빛 젖은 창에 기대어
가르릉 대는
늙은
고양이
한 마리

자화상

빛바랜 머리카락
깡 없는 광대뼈
눌린 코
깨진 입술
구겨진 귀
끈적이는 눈

갈바람

쇠파니골
이름 모를
묘지에
쓰러진
빈병
아!
갈바람
부니
또
얼마나
울까!

시월잔치는 끝났더라

시월잔치는
끝났더라

갈바람에
후두둑하고 털린 은행은
발에 밟혀
창자가 툭툭 터지고

강둑엔 노오랗게
파닥이는 지친 잎새들
천지더라

찬비까지
쏟아지더라

구린 냄새를 맡고
코를 킁킁거리며 잔뜩
목줄에 힘을 준 강아지들을
사람들은
호디게 끌고 돌아가고

그렇게
시월잔치는
끝났더라

추 일

이 가을
언약을 맺는 사람들
긴 편지를 쓰는 사람들

청산은 장막을 높게 치고
아무런 말이 없네
안개가 걷히고 나면
그저 노을 몇 조각 일 뿐

국향은 만 리를 간다 하고
마침 좋은 바람 불어
달빛 또한 맑은데

님 소식은
들을 길 없네

후 회

지금도 생각나네
잃어버린 시절이

초라한 그림자는
유령처럼 따라오고

둘이서 진종일 마셨지
소리 죽은 한숨을

그 기억 지워볼까
무섭도록 밤은 길어

눈물만 나온다네
안으로만 흐르네

가슴은 비인 갈대라
스치는 건 바람뿐

오목리나루터

오목리
나루터

간 사람은
돌아올 줄 모르고

사공은
늙고

갈대꽃만
쓸쓸해

향원정에서

향원지
갈대꽃은

오늘도
몰라

겨울에
보내야만 하는

바람의
마음을

사 치

혼자라도
혼자라
말하지 마라

외로움도 사무치면
사치라

혼자라도
혼자라
말하지 마라

설

밤새
소리 없이
눈은 소복이 쌓이고

탱자나무에도
둔던산 모롱이
아카시아나무에도

외딴집
아침 오솔길엔
어머니의 털고무신 발자국만이……
연신 매서운 바람은 사람의 길을 헤집고

무거운 침묵을 깨듯
슬레이트지붕 처마에서
고드름 녹아 똑똑 떨어지는
오후

마중 나온
만삭
메리를 앞세우고

김이 모락모락 피는
흰 가래떡을
머리에 이고 오시던
어머니!

광주에서

오월이 오면
빛고을 광주엔
그 푸른 옥실로 카펫을 짜는
고운 요정들로
가득했다

첫째 날엔
무등산 자락에 펼치고
둘째 날엔
금남로를 지나 망월동 묘지까지
셋째 날엔
광주천 언덕에
넷째 날엔
비엔날레 공원에
다섯째 날엔
김대중 컨벤션 센터에
그리고
여섯째 날엔
나주평야 끝까지 펼쳤다

오월이 오면
빛고을 광주엔
그 푸른 옥실로 카펫을 짜는
고운 요정들로
가득했다

산수유 필 때면

온양초 뒷길
너더리 안길
용화리 뒷길
된장골목
싸전 안길
깡통골목
모종리 안길
남산 아랫길
온고 뒷길
실옥리 안길
아고 아랫길
숯골 안길
풍기리 안길
청룡골 뒷길
건구렁이 안길
이 봄
산수유
필 때면
새 강아지들
방울소리
다시
온종일
울리겠지

목련화

봄엔
시린 손끝마다

가을엔
몸부림치며

목련은
꼭

두 번
피더라

좋은 시란

좋은 시란
가쁜 숨을
고르는
어쩌면
그
신선한
공기
같은
것

행복한 사람

오랜만에 내리는
반가운 비와
촉촉이 젖는
들을
바라보며
오늘도
누구를
기다릴 수 있다면
당신은
행복한
사람이다

장 식

지혜는
숨길수록 좋지만
사랑한다면
멋지게
표현하라
사랑의
최고 장식은
표현이라

기 도

그대
아름다운이여!
깨어
기도 할 수 있다면
기뻐하라
그보다 더 꿈같은 일이
또 어디에 있을까!

그 맛난 봄을

섣달
잿빛
하늘에
바람이 일더니
성경처럼
차갑게 일더니
눈은 송이로 내려
세상은
그 하얀 이불속에
있네
설움도
슬픔도
그 울음까지도 다,
그래
사이좋게들
한번
잘 버무려 봐라
그 맛난
봄을

기도문

사랑의
하나님!

저 당당한 바람처럼
저 부드러운 물처럼

그런
길로

저를
이끄소서

아멘

맹주상 약력

1962년 충남 아산 출생
고려대학교 영어영문학과 졸업
BoConcept사 한국지사 지사장 역임
아동문예문학상으로 등단
한국문인협회 회원

저서 : 모래성(시집)
　　　겨울나그네(시집)

겨울나그네 맹주상시집　　　　　서문당 시인선집 30

2020년 4월 10일 초판 인쇄
2020년 4월 15일 초판 발행

지은이　맹 주 상
펴낸이　최 석 로
펴낸곳　서 문 당

주　소　경기도 고양시 일산서구 덕산로 99번길 85 (가좌동)
전　화　031-923-8258
팩　스　031-923-8259

출판등록 제 406-313-2001-000005호

ISBN 978-89-7243-695-9

값 10,000원

* 이 책의 무단 전제 및 복제를 금합니다.